Impressum
Verlag: BABADADA GmbH, Nedderfeld 112 , 22529 Hamburg
Geschäftsführer / Verlagsleitung: Harald Hof
Druck: Books on Demand GmbH, In de Tarpen 42, 22848 Norderstedt

Imprint
Publisher: BABADADA GmbH, Nedderfeld 112 , 22529 Hamburg, Germany
Managing Director / Publishing direction: Harald Hof
Print: Books on Demand GmbH, In de Tarpen 42, 22848 Norderstedt, Germany

学校

skole

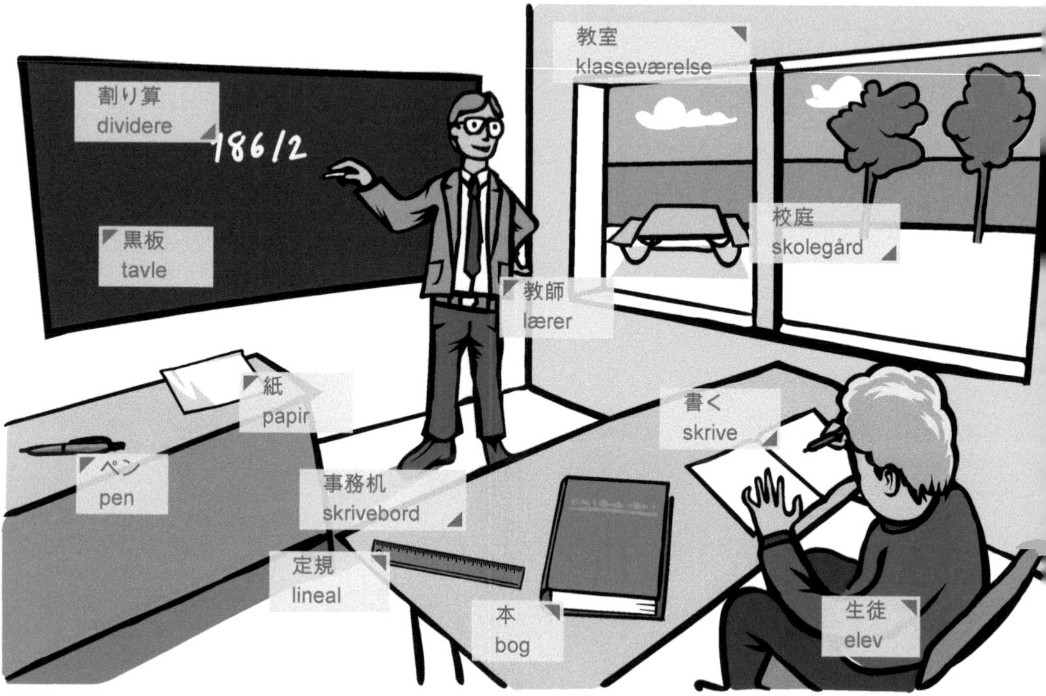
教室
klasseværelse
割り算
dividere
186/2
黒板
tavle
校庭
skolegård
教師
lærer
紙
papir
書く
skrive
ペン
pen
事務机
skrivebord
定規
lineal
本
bog
生徒
elev

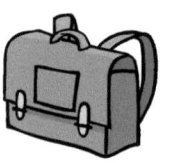

ランドセル

skoletaske

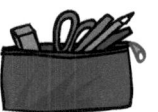

筆入れ

penalhus

鉛筆

blyant

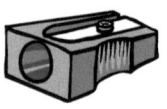

鉛筆削り

blyantspidser

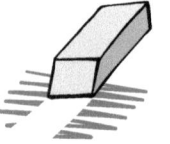

消しゴム

viskelæder

スケッチブック

tegneblok

スケッチ

tegning

絵筆

pensel

絵の具箱

æske med vandfarver

はさみ

saks

接着剤

lim

練習帳

opgavehefte

宿題

lektie

12

数

tal

2+2

足し算

addere

5-2

引き算

subtrahere

2×2

かけ算

multiplicere

計算する

regne

A

文字

bogstav

ABCDEFG
HIJKLMN
OPQRSTU
VWXYZ

アルファベット

alfabet

hello

単語

ord

テキスト
tekst

読む
læse

チョーク
kridt

授業
time

学級日誌
klasseprotokol

試験
eksamen

通知表
karakterbog

制服
skoleuniform

教育
uddannelse

百科事典
leksikon

大学
universitet

顕微鏡
mikroskop

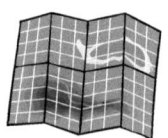

地図
kort

ごみ箱
papirkurv

旅行

rejse

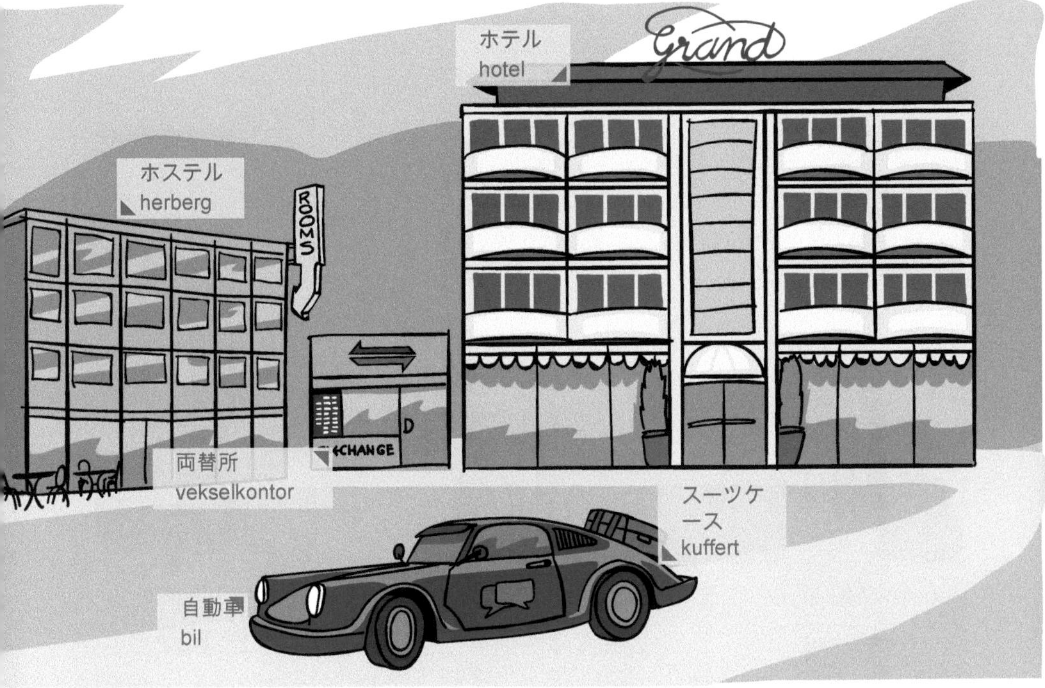
Grand
ホテル
hotel
ホステル
herberg
ROOMS
両替所
vekselkontor
EXCHANGE
スーツケース
kuffert
自動車
bil

言語

sprog

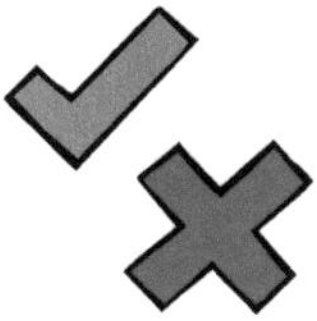

はい / いいえ

ja / nej

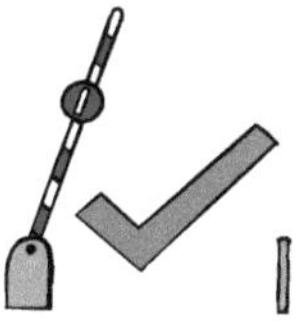

問題ない

okay

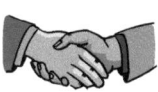

ハロー

hej

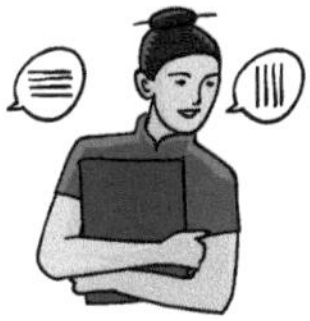

翻訳者

oversætter

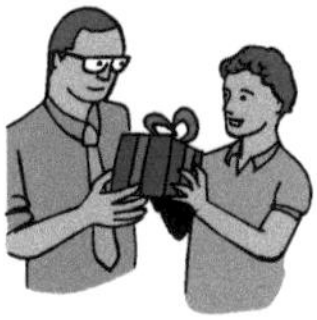

ありがとう

tak

…はいくらですか？

hvad koster…?

わかりません

Jeg forstår ikke

問題

problem

こんばんは！

God aften!

おはようございます！

God morgen!

おやすみなさい！

God nat!

さようなら

farvel

方向

retning

手荷物

bagage

バッグ

taske

リュックサック

rygsæk

お客様

gæst

部屋

værelse

寝袋

sovepose

テント

telt

旅行者情報
turistinformation

ビーチ
strand

クレジットカード
kreditkort

朝食
morgenmad

昼食
middagsmad

夕食
aftensmad

チケット
billet

エレベーター
elevator

スタンプ
frimærke

境界
grænse

税関
told

大使館
ambassade

ビザ
visum

パスポート
pas

輸送
transport

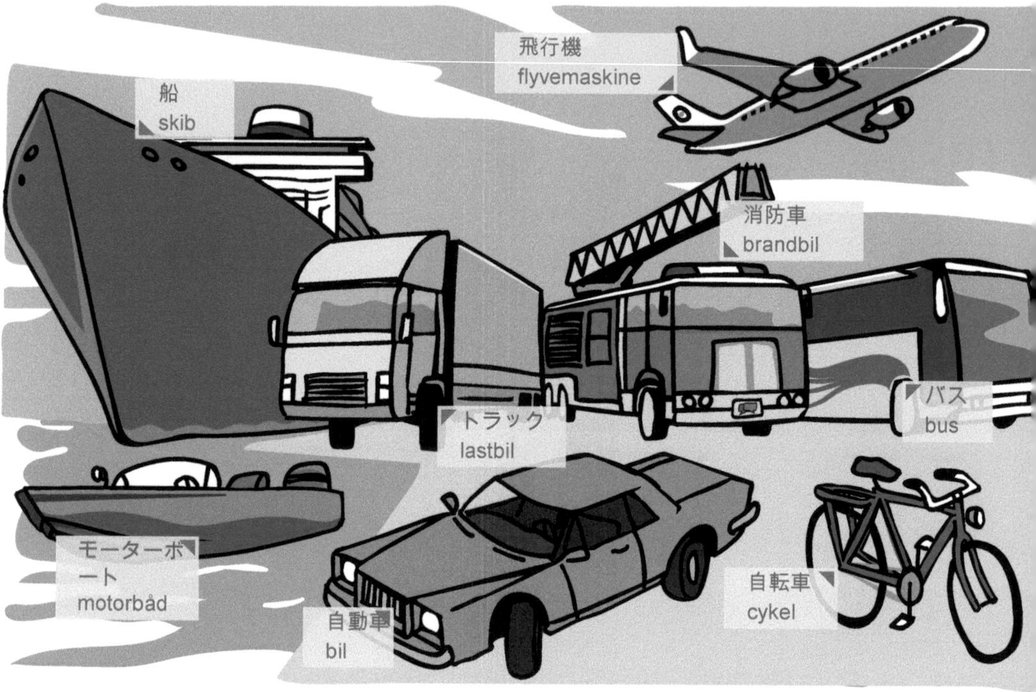

飛行機
flyvemaskine

船
skib

消防車
brandbil

トラック
lastbil

バス
bus

モーターボート
motorbåd

自動車
bil

自転車
cykel

フェリー
færge

ボート
båd

バイク
motorcykel

パトカー
politibil

レーシングカー
racerbil

レンタカー
lejebil

カーシェアリング

samkørsel

レッカー車

kranbil

ごみ収集車

skraldebil

モーター

motor

燃料

benzin

ガソリンスタンド

tankstation

交通標識

trafikskilt

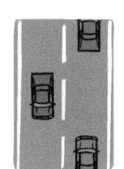

交通

trafik

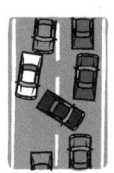

渋滞

trafikprop

駐車場

parkeringsplads

駅

banegård

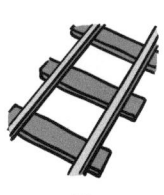

道

skinner

列車

tog

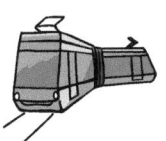

路面電車

sporvogn

車両

wagon

輸送 - transport

ヘリコプター

helikopter

空港

lufthavn

タワー

tårn

乗客

passager

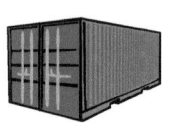

コンテナ

container

段ボール箱

karton

カート

kærre

カゴ

kurv

離陸 / 着陸

starte / lande

都市

by

村

landsby

都心

bymidte

家

hus

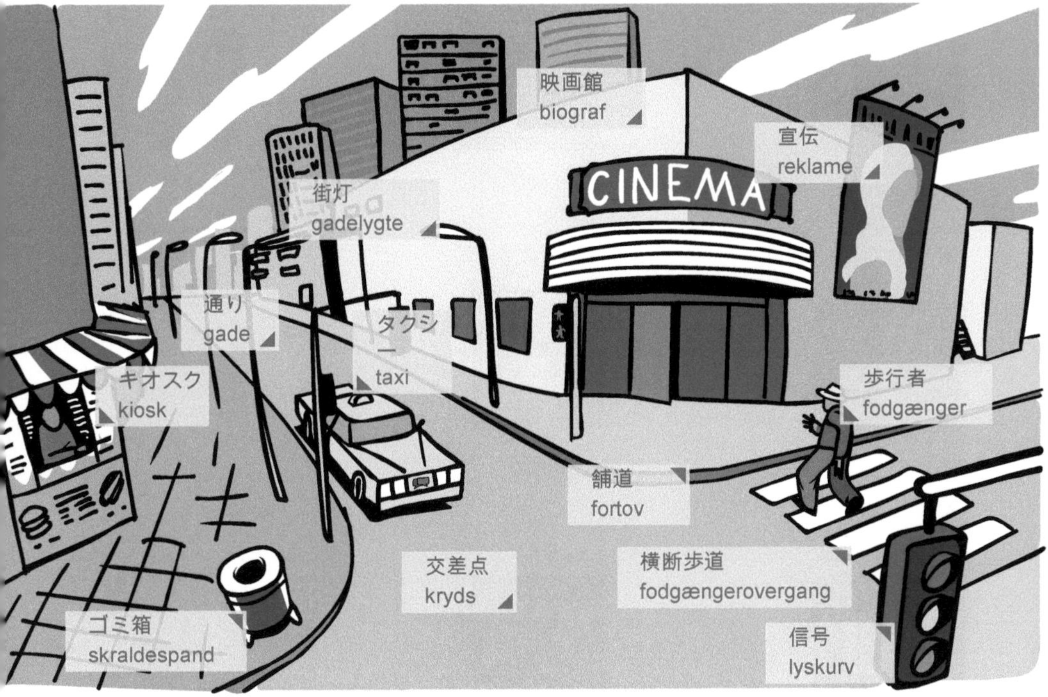
映画館
biograf
宣伝
reklame
街灯
gadelygte
通り
gade
タクシー
taxi
キオスク
kiosk
歩行者
fodgænger
舗道
fortov
交差点
kryds
横断歩道
fodgængerovergang
ゴミ箱
skraldespand
信号
lyskurv
CINEMA

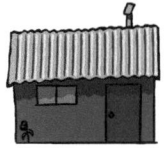

小屋

hytte

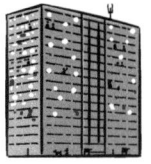

アパート

lejlighed

駅

banegård

市役所

rådhus

MUSEUM

美術館

museum

学校

skole

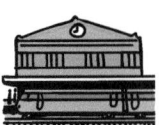

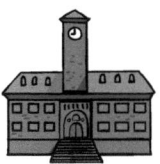

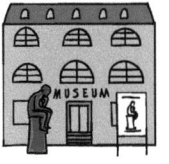

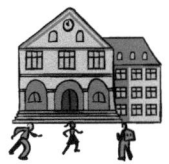

大学

universitet

銀行

bank

病院

sygehus

ホテル

hotel

薬局

apotek

オフィス

kontor

書店

boghandel

ショップ

butik

花屋

blomsterbutik

スーパーマーケット

supermarked

市場

marked

デパート

stormagasin

魚屋

fiskehandler

ショッピングセンター

butikscenter

港

havn

公園

park

ベンチ

bænk

橋

bro

階段

trappe

地下鉄

undergrundsbane

トンネル

tunnel

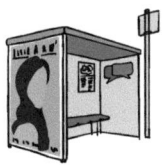

バス停

busstoppested

バー

barnevogn

レストラン

restaurant

ポスト

postkasse

道路標識

vejskilt

パーキングメーター

parkometer

動物園

zoo

スイミングプール

badeanstalt

モスク

moske

農場

bondegård

汚染

miljøforurening

墓地

kirkegård

教会

kirke

遊び場

legeplads

寺

tempel

風景

landskab

葉
blad

道標
vejviser

道
vej

草地
eng

石
sten

ハイカー
vandrer

木
træ

川
flod

草
græs

花
blomst

谷
dal

山
bjerg

湖
sø

森
skov

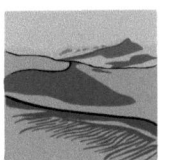

砂漠
ørken

火山
vulkan

城
slot

虹
regnbue

キノコ
svamp

ヤシの木
palme

蚊
moskito

ハエ
flue

蟻
myre

ミツバチ
bi

クモ
edderkop

風景 - landskab

カブトムシ

bille

蛙

frø

リス

egern

ハリネズミ

pindsvin

ウサギ

hare

フクロウ

ugle

鳥

fugl

白鳥

svane

雄豚

vildsvin

鹿

hjort

ヘラジカ

elg

ダム

dæmning

風力タービン

vindmølle

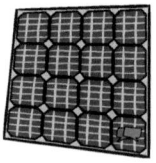

ソーラーパネル

solcellemodul

気候

klima

レストラン
restaurant

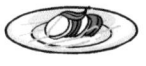

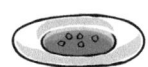

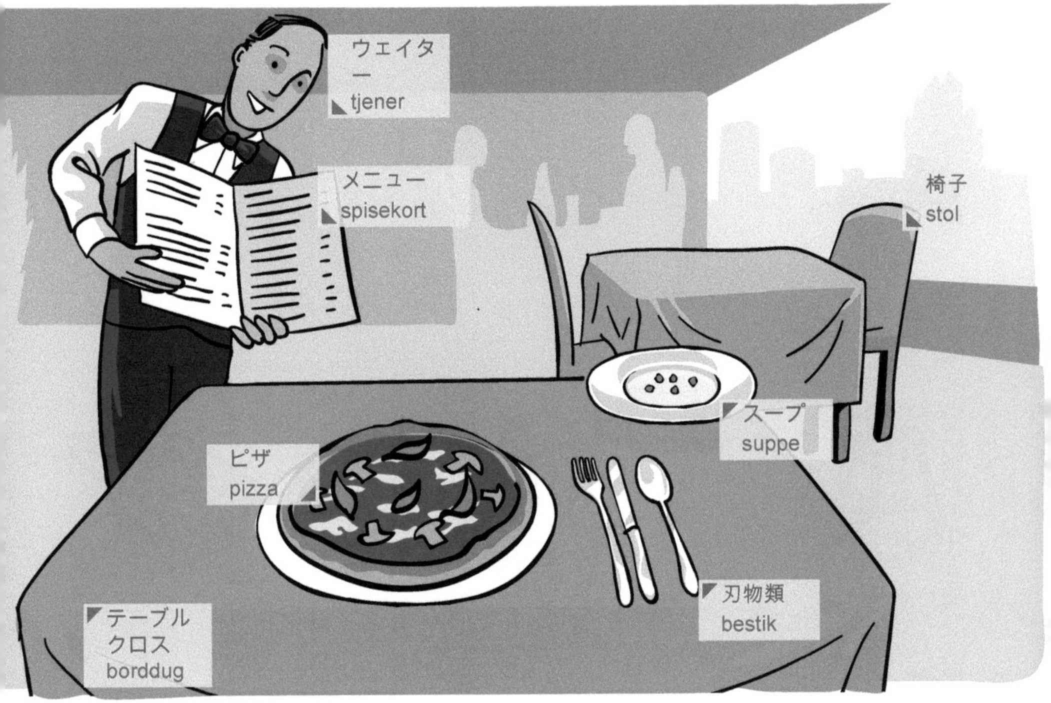
ウェイター
tjener
メニュー
spisekort
椅子
stol
スープ
suppe
ピザ
pizza
刃物類
bestik
テーブルクロス
borddug

前菜
forret

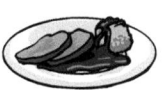

メインコース
hovedret

デザート
dessert

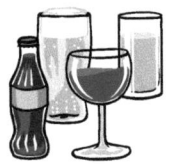

飲み物
drikkevarer

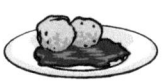

食べ物
mad

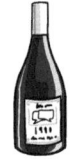

ボトル
flaske

ファストフード

fastfood

屋台の食べ物

streetfood

ティーポット

tekande

砂糖入れ

sukkerdåse

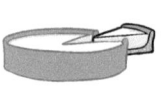

一人前

portion

エスプレッソマシン

espressomaskine

幼児用食事椅子

barnestol

請求書

faktura

トレー

tablet

ナイフ

kniv

フォーク

gaffel

スプーン

ske

ティースプーン

teske

ナプキン

serviet

グラス

glas

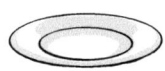

皿
tallerken

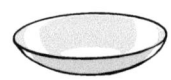

スープ皿
dyb tallerken

受け皿
underkop

ソース
sovs

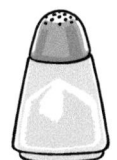

塩入れ
saltbøsse

ペッパーミル
peberkværn

酢
eddike

油
olie

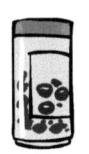 

スパイス
krydderier

ケチャップ
ketchup

マスタード
sennep

マヨネーズ
mayonnaise

スーパーマーケット
supermarked

特価品
tilbud
顧客
kunde
FOR
乳製品
mælkeprodukter
果物
frugt
ショッピング・カート
indkøbsvogn

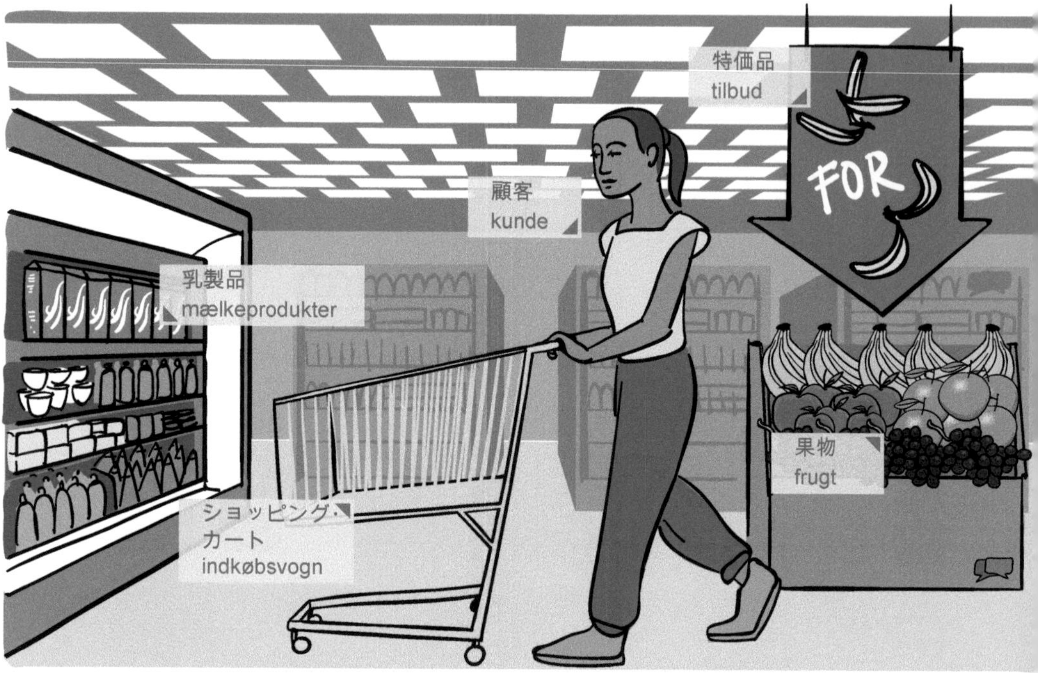

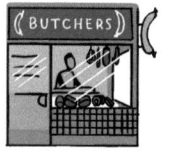

BUTCHERS

肉屋

slagter

BAKERY

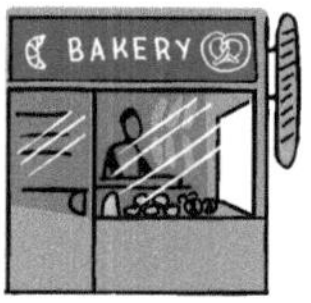

パン屋

bageri

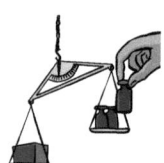

重さをはかる

veje

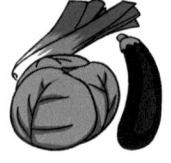

野菜

grøntsager

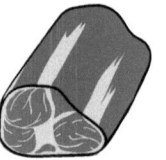

肉

kød

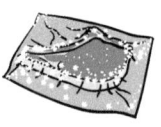

冷凍食品

frostvarer

冷肉の薄切り

pålæg

缶詰食品

konserves

洗剤

vaskemiddel

菓子

slik

家庭用品

husholdningsvarer

清掃用品

rengøringsmidler

販売員

ekspedient

現金箱

kasse

レジ係

kasserer

買い物リスト

indkøbsliste

開館時刻

åbningstider

財布

tegnebog

クレジットカード

kreditkort

バッグ

taske

ポリ袋

plasticpose

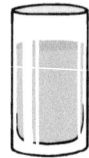

水
vand

ジュース
saft

牛乳
mælk

コーラ
cola

ワイン
vin

ビール
øl

アルコール
alkohol

ココア
kakao

紅茶
te

コーヒー
kaffe

エスプレッソ
espresso

カプチーノ
cappuccino

バナナ

banan

リンゴ

æble

オレンジ

appelsin

メロン

melon

レモン

citron

ニンジン

gulerod

ニンニク

hvidløg

竹

bambus

玉ねぎ

løg

キノコ

svamp

ナッツ

nødder

ヌードル

nudler

スパゲッティ

spaghetti

米

ris

サラダ

salat

フライドポテト

pomfritter

フライドポテト

stegte kartofler

ピザ

pizza

ハンバーガー

hamburger

サンドウィッチ

sandwich

カツレツ

schnitzel

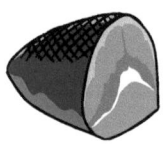

ハム

skinke

サラミ

salami

ソーセージ

pølse

鶏肉

kylling

焼き

steg

魚

fisk

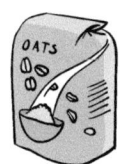

麦のお粥

havregryn

ムーズリ

mysli

コーンフレーク

cornflakes

小麦粉

mel

クロワッサン

croissant

ロールパン

rundstykke

パン

brød

トースト

toast

ビスケット

kiks

バター

smør

カッテージチーズ

kvark

ケーキ

kage

卵

æg

目玉焼き

spejlæg

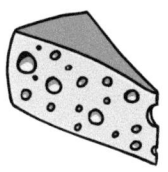

チーズ

ost

アイスクリーム

is

砂糖

sukker

はちみつ

honning

ジャム

marmelade

ヌガークリーム

nougat-creme

カレー

karry

農家
bondehus

納屋
skur

ストローベール
halmballer

畑
mark

馬
hest

トレーラー
anhænger

子馬
føl

トラクター
traktor

ロバ
æsel

羊
fàr

子羊
lam

ヤギ

ged

雌牛

ko

子牛

kalv

豚

svin

子豚

gris

雄牛

tyr

ガチョウ

gås

アヒル

and

ひよこ

kylling

にわとり

høne

おんどり

hane

ネズミ

rotte

猫

kat

ねずみ

mus

雄牛

okse

犬

hund

犬小屋

hundehus

散水ホース

haveslange

じょうろ

vandkande

大鎌

le

すき

plov

草刈り鎌

segl

くわ

hakkejern

堆肥用フォーク

møggreb

斧

økse

手押し車

trillebør

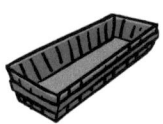

かいばおけ

trug

牛乳缶

mælkekande

袋

sæk

フェンス

hæk

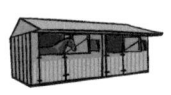

畜舎

stald

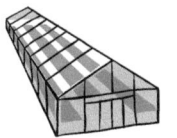

温室

drivhus

土壌

jord

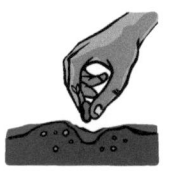

種

frø

肥料

gødning

コンバイン

mejetærsker

収穫する

høste

収穫

høst

ヤマイモ

yams

小麦

hvede

大豆

soja

じゃがいも

kartoffel

トウモロコシ

majs

菜種

raps

果樹

frugttræ

キャッサバ

maniok

穀物

korn

煙突
skorsten

屋根
tag

排水管
tagrende

窓
vindue

車庫
garage

呼び鈴
dørklokke

ドア
dør

ゴミ箱
skraldespand

郵便受け
postkasse

庭
have

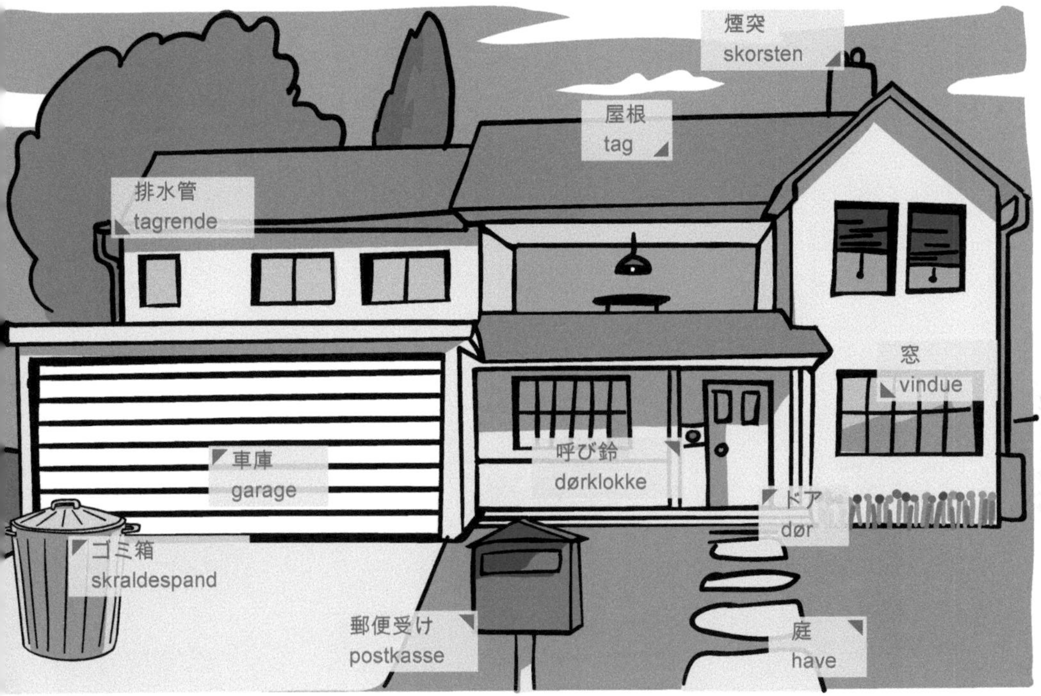

リビングルーム

stue

浴室

badeværelse

台所

køkken

寝室

soveværelse

子供部屋

børneværelse

ダイニング・ルーム

spisestue

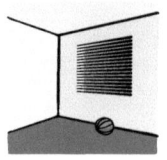

床
gulv

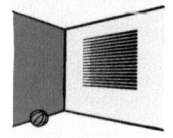

壁
væg

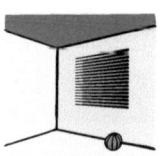

天井
loft

地下貯蔵庫
kælder

サウナ
sauna

バルコニー
altan

テラス
terrasse

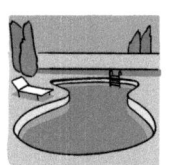

プール
svømmehal

芝刈り機
plæneklipper

シーツ
dynebetræk

ベッドカバー
dyne

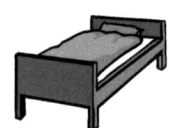

ベッド
seng

ほうき
kost

バケツ
spand

スイッチ
kontakt

リビングルーム

stue

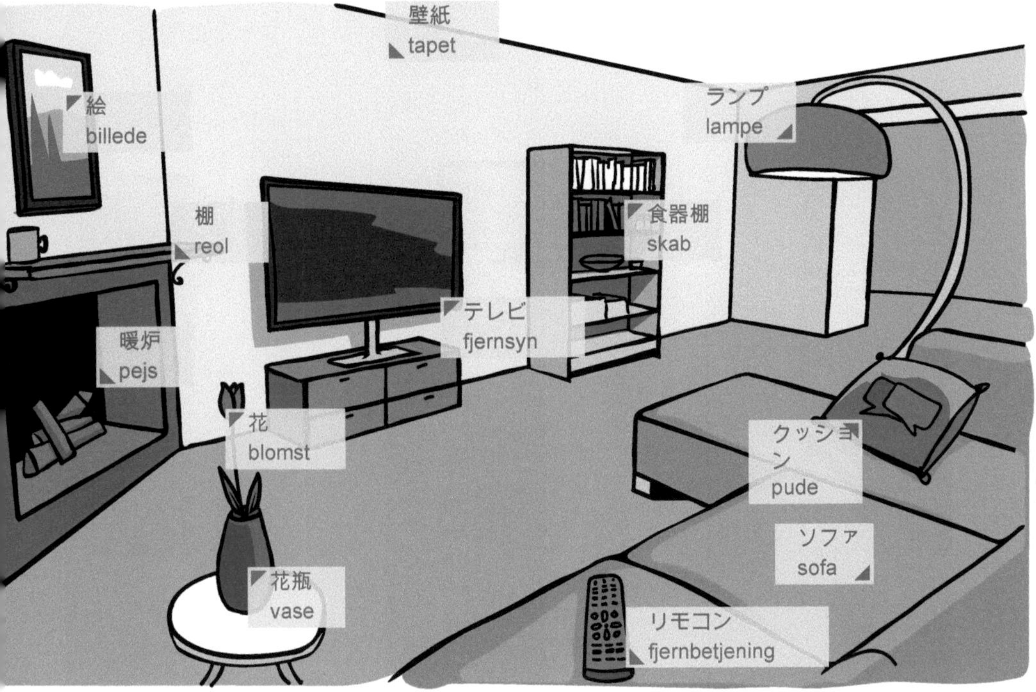

壁紙
tapet
絵
billede
ランプ
lampe
棚
reol
食器棚
skab
テレビ
fjernsyn
暖炉
pejs
花
blomst
クッション
pude
ソファ
sofa
花瓶
vase
リモコン
fjernbetjening

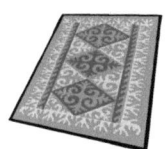

カーペット

gulvtæppe

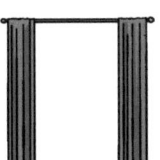

カーテン

gardin

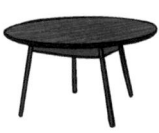

テーブル

bord

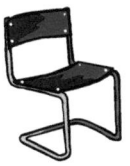

椅子

stol

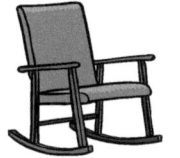

ロッキングチェア

gyngestol

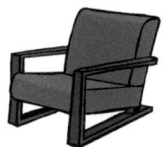

ひじ掛け椅子

lænestol

本
bog

毛布
tæppe

飾り
dekoration

たきぎ
brænde

映画
film

ステレオ
stereoanlæg

鍵
nøgle

新聞
avis

絵画
maleri

ポスター
plakat

ラジオ
radio

メモ帳
notesblok

掃除機
støvsuger

サボテン
kaktus

ろうそく
lys

台所
køkken

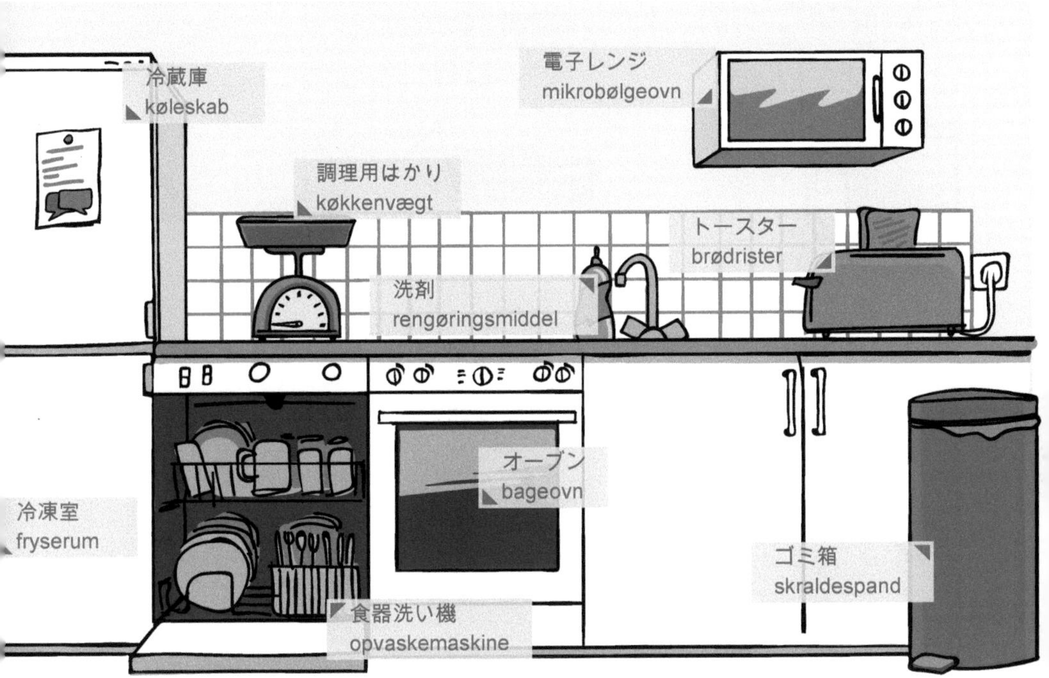

冷蔵庫
køleskab
電子レンジ
mikrobølgeovn
調理用はかり
køkkenvægt
トースター
brødrister
洗剤
rengøringsmiddel
オーブン
bageovn
冷凍室
fryserum
ゴミ箱
skraldespand
食器洗い機
opvaskemaskine

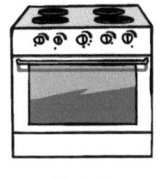

こんろ

komfur

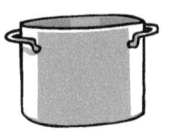

鍋

gryde

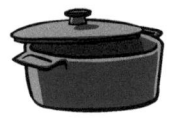

鉄鍋

jerngryde

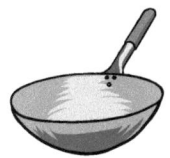

中華鍋/ カダイ鍋

wok / kadai

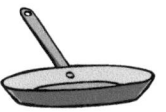

フライパン

pande

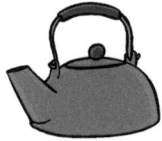

やかん

elkedel

蒸し器

dampkoger

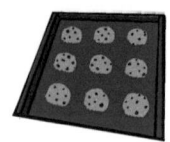

天板

bageplade

食器

service

マグカップ

bæger

ボウル

skål

箸

spisepinde

おたま

øseske

へら

paletkniv

泡立て器

piskeris

こし器

dørslag

ふるい

si

すりおろし器

rive

すり鉢

morter

バーベキュー

grille

かまど

ildsted

まな板
skærebræt

麺棒
kagerulle

栓抜き
proptrækker

缶
dåse

缶切り
dåseåbner

鍋つかみ
grydelap

流し
køkkenvask

ブラシ
børste

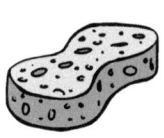

スポンジ
svamp

ミキサー
blender

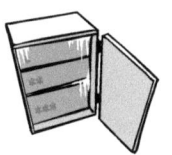

冷凍庫
dybfryser

哺乳瓶
sutteflaske

蛇口
vandhane

浴室
badeværelse

ヒーター
radiator
シャワー
brusebad
タオル
håndklæde
シャワーカーテン
bruserforhæng
泡風呂
skumbad
浴槽
badekar
グラス
glas
洗濯機
vaskemaskine
蛇口
vandhane
タイル
fliser
おまる
tissepotte
流し
køkkenvask

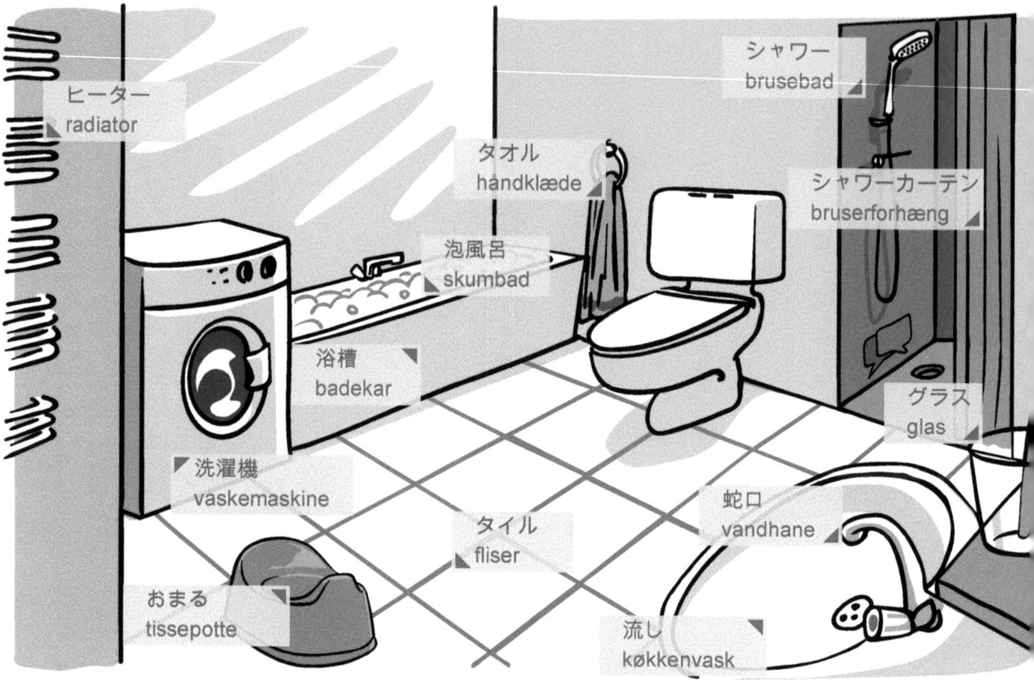

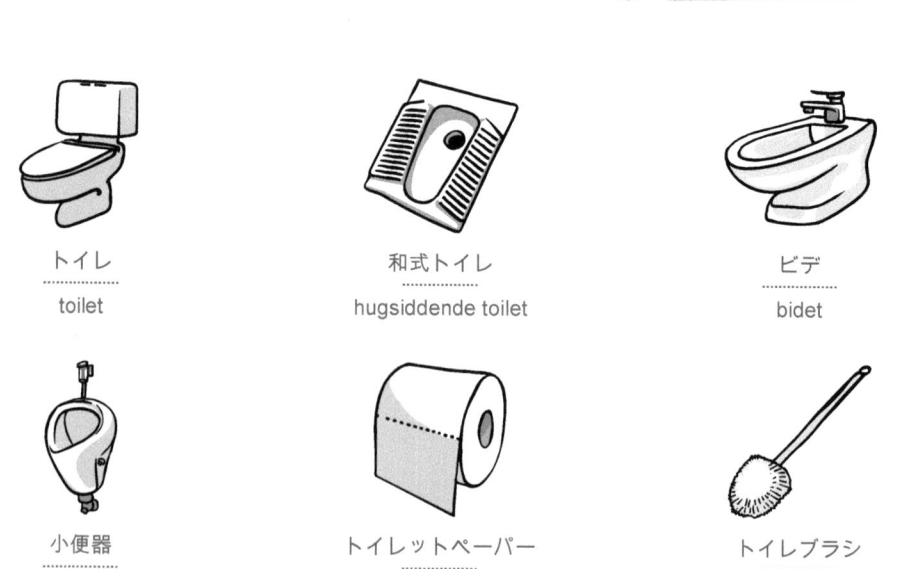

トイレ
toilet

和式トイレ
hugsiddende toilet

ビデ
bidet

小便器
pissoir

トイレットペーパー
toiletpapir

トイレブラシ
toiletbørste

歯ブラシ

tandbørste

歯みがき

tandpasta

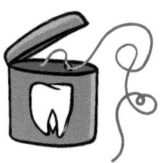

デンタルフロス

tandtråd

洗う

vaske

シャワーヘッド

håndbruser

ハンドビデ

intimbruser

洗面台

vaskefad

ボディブラシ

badebørste

石鹸

sæbe

シャワー用ジェル

brusegele

シャンプー

shampoo

浴用タオル

vaskeklud

排水口

afløb

クリーム

creme

消臭

deodorant

浴室 - badeværelse

鏡
spejl

手鏡
kosmetikspejl

かみそり
barberhøvl

シェービング・フォーム
barberskum

アフターシェーブローショ
barbervand

櫛
kam

ブラシ
børste

ドライヤー
hårtørrer

ヘアスプレー
hårspray

化粧
makeup

口紅
læbestift

マニキュア
neglelak

脱脂綿
vat

爪切り
neglesaks

香水
parfume

洗面用具入れ

toilettaske

スツール

skammel

体重計

vægt

バスローブ

badekåbe

ゴム手袋

gummihandsker

タンポン

tampon

生理用ナプキン

damebind

ケミカルトイレ

kemisk toilet

子供部屋

børneværelse

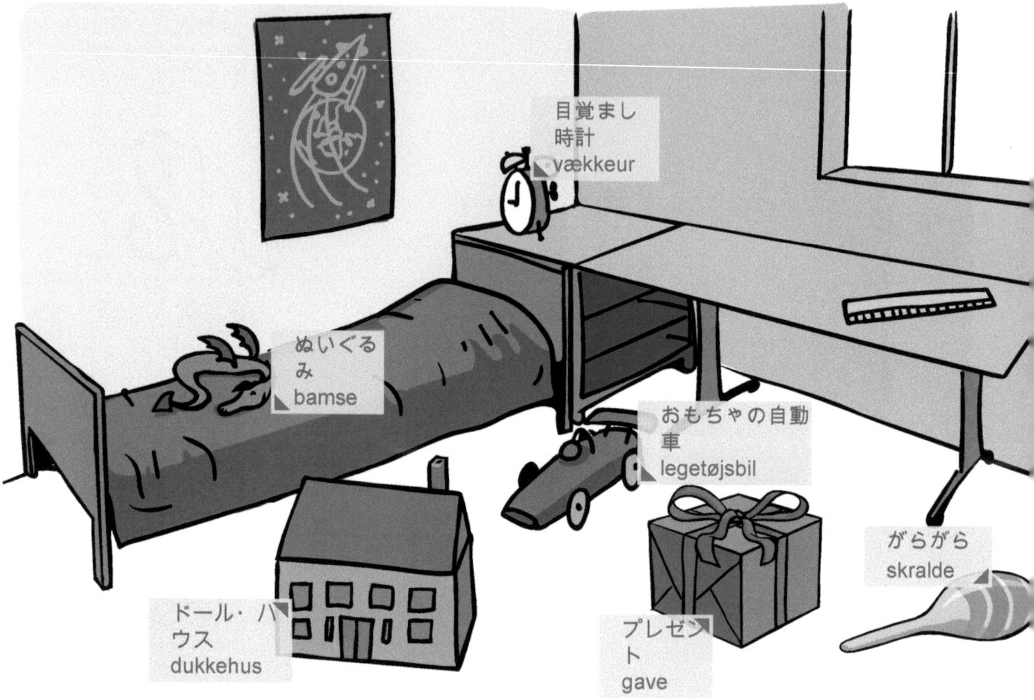

目覚まし
時計
vækkeur
ぬいぐるみ
bamse
おもちゃの自動車
legetøjsbil
がらがら
skralde
ドール・ハウス
dukkehus
プレゼント
gave

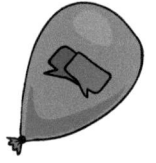

風船

ballon

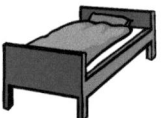

ベッド

seng

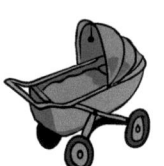

ベビーカー

barnevogn

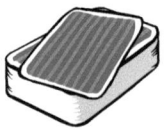

カードゲーム

kortspil

ジグソーパズル

puslespil

SUPER
MEGA

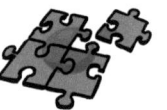

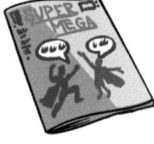

漫画

tegneserie

レゴ

legoklodser

玩具ブロック

byggeklodser

アクションフィギュア

action figur

ロンパース

sparkedragt

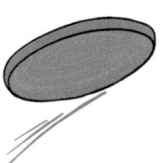

フリスビー

frisbee

モバイル

uro

ボードゲーム

brætspil

さいころ

terning

鉄道模型

modeljernbane

おしゃぶり

sut

パーティー

fest

絵本

billedbog

ボール

bold

人形

dukke

遊ぶ

lege

砂場

sandkasse

ブランコ

gynge

おもちゃ

legetøj

ゲーム機

spillekonsol

三輪車

trehjulet cykel

テディベア

bamse

衣装ダンス

klædeskab

衣服

tøj

靴下

sokker

ストッキング

strømper

タイツ

strømpebukser

スカーフ
sjal

ベルト
bælte

雨傘
paraply

Tシャツ
T-shirt

スニーカー
sneakers

ブーツ
støvler

スリッパ
hjemmesko

サンダル
sandaler

靴
sko

ゴム長靴
gummistøvler

パンツ
underbukser

ブラ
BH

ベスト
undertrøje

衣服 - tøj

ボディースーツ

body

ズボン

bukser

ジーンズ

jeans

スカート

nederdel

ブラウス

bluse

シャツ

skjorte

セーター

pullover

パーカー

sweatshirt

ブレザー

blazer

ジャケット

jakke

コート

frakke

レインコート

regnfrakke

服装

kostume

ドレス

kjole

ウェディングドレス

brudekjole

スーツ

jakkesæt

ナイトガウン

nattrøje

パジャマ

pyjamas

サリー

sari

ヘッドスカーフ

hovedtørklæde

ターバン

turban

ブルカ

burka

カフタン

kaftan

アバヤ

abaya

水着

badedragt

トランクス

badebukser

半ズボン

korte bukser

スウェットスーツ

træningsdragt

エプロン

forklæde

手袋

handsker

ボタン

knap

メガネ

briller

ブレスレット

armbånd

ネックレス

kæde

指輪

ring

イヤリング

ørering

帽子

hue

ハンガー

bøjle

帽子

hat

ネクタイ

slips

ファスナー

lynlås

ヘルメット

hjelm

サスペンダー

seler

制服

skoleuniform

ユニフォーム

uniform

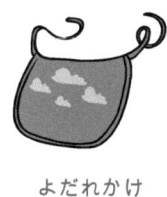

よだれかけ

hagesmæk

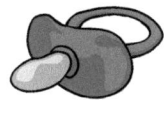

おしゃぶり

sut

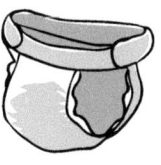

おむつ

ble

オフィス

kontor

サーバ
server
書類キャビネット
arkivskab
プリンター
printer
紙
papir
モニター
skærm
マウス
mus
事務机
skrivebord
フォルダー
mappe
キーボード
tastatur
椅子
stol
ごみ箱
papirkurv
コンピューター
computer

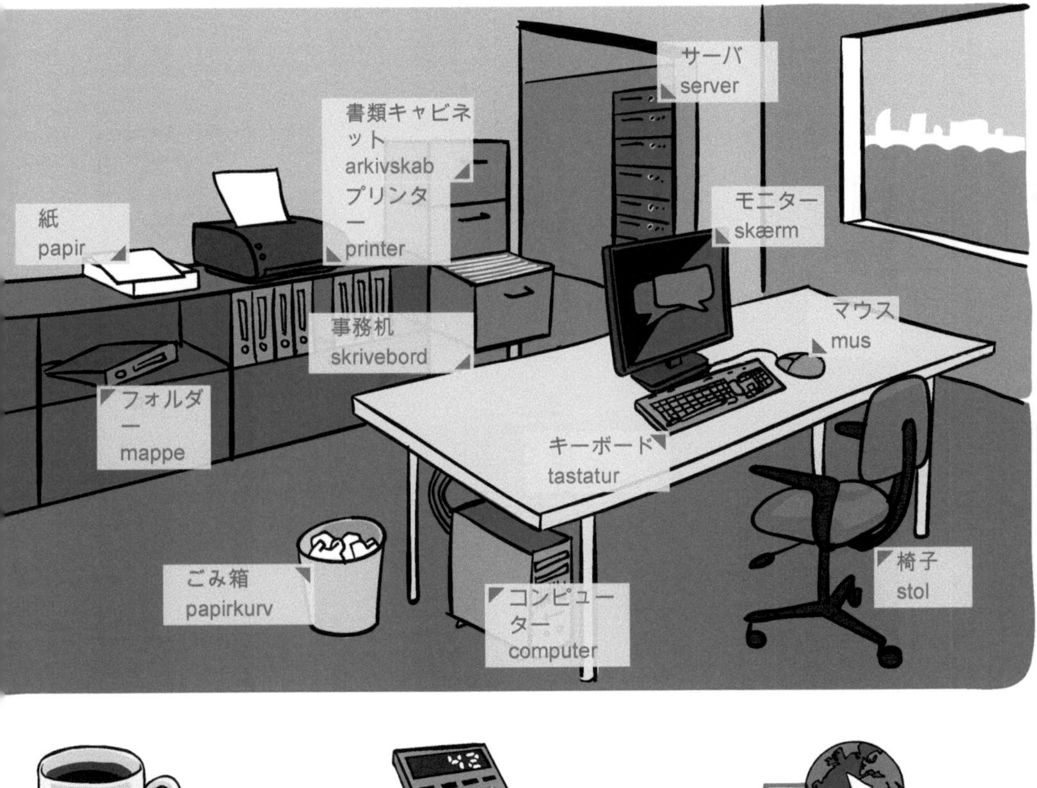

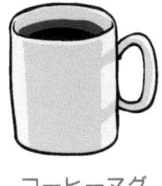

コーヒーマグ

kaffekrus

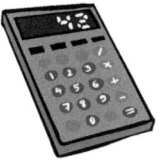

計算機

lommeregner

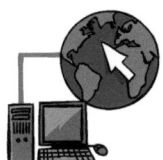

インターネット

internet

ラップトップ

bærbar

手紙

brev

メッセージ

besked

携帯電話

mobil

ネットワーク

netværk

コピー機

kopimaskine

ソフトウェア

software

電話

telefon

コンセント

stikdåse

ファックス

fax

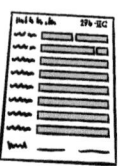

フォーム

formular

書類

dokument

買う

købe

支払う

betale

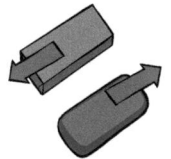

取引する

handle

お金

penge

ドル

dollar

ユーロ

euro

円

yen

ルーブル

rubel

スイスフラン

schweizerfranc

人民元

renminbi yuan

ルピー

rupee

キャッシュポイント

hæveautomat

両替所

vekselkontor

金

guld

銀

sølv

油

olie

エネルギー

energi

価格

pris

契約

kontrakt

税金

skat

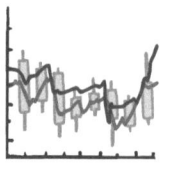

株

aktie

働く

arbejde

従業員

ansat

雇用主

arbejdsgiver

工場

fabrik

ショップ

butik

職業

erhverv

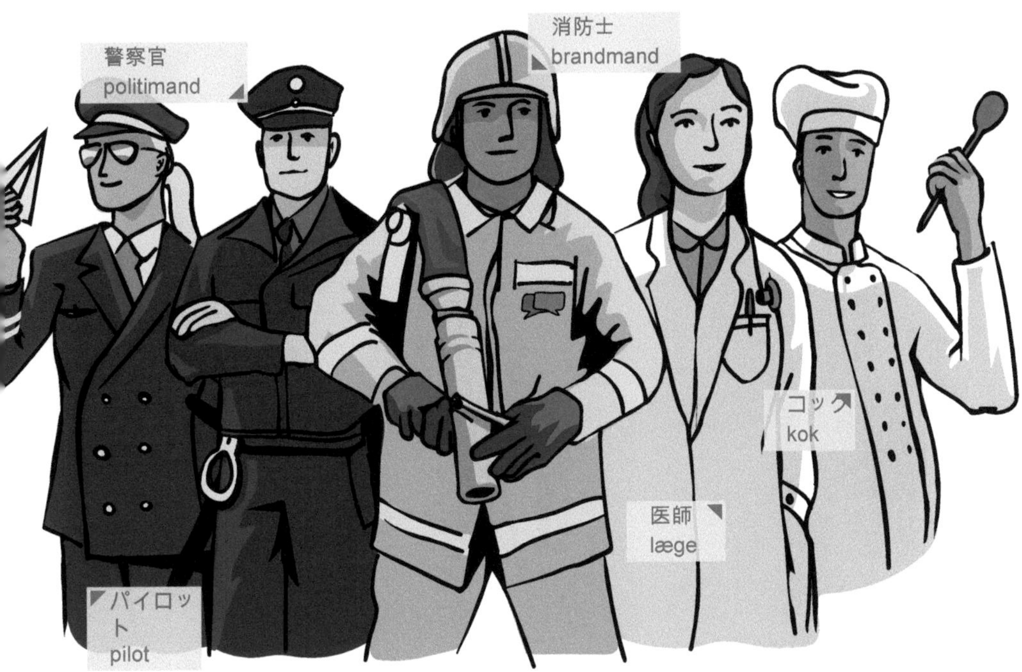

警察官
politimand
消防士
brandmand
コック
kok
医師
læge
パイロット
pilot

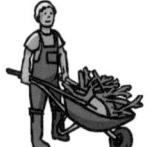

庭師

gartner

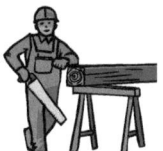

大工

tømrer

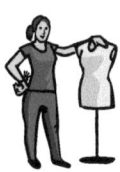

お針子

syerske

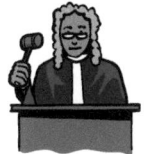

裁判官

dommer

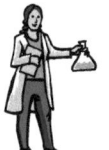

化学者

kemiker

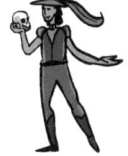

俳優

skuespiller

バスの運転手

buschauffør

タクシー運転手

taxachauffør

漁師

fisker

掃除婦

rengøringskone

屋根ふき職人

tagdækker

ウェイター

tjener

ハンター

jæger

塗装工

maler

パン屋

bager

電気工

elektriker

建設作業員

bygningsarbejder

エンジニア

ingeniør

肉屋

slagter

配管工

vvs-mand

郵便配達人

postbud

軍人

soldat

建築家

arkitekt

レジ係

kasserer

花屋

blomsterhandler

美容師

frisør

車掌

togfører

機械工

mekaniker

キャプテン

kaptajn

歯科医

tandlæge

科学者

videnskabsmand

ラビ

rabbiner

イスラム導師

imam

修道士

munk

牧師

præst

道具
værktøj

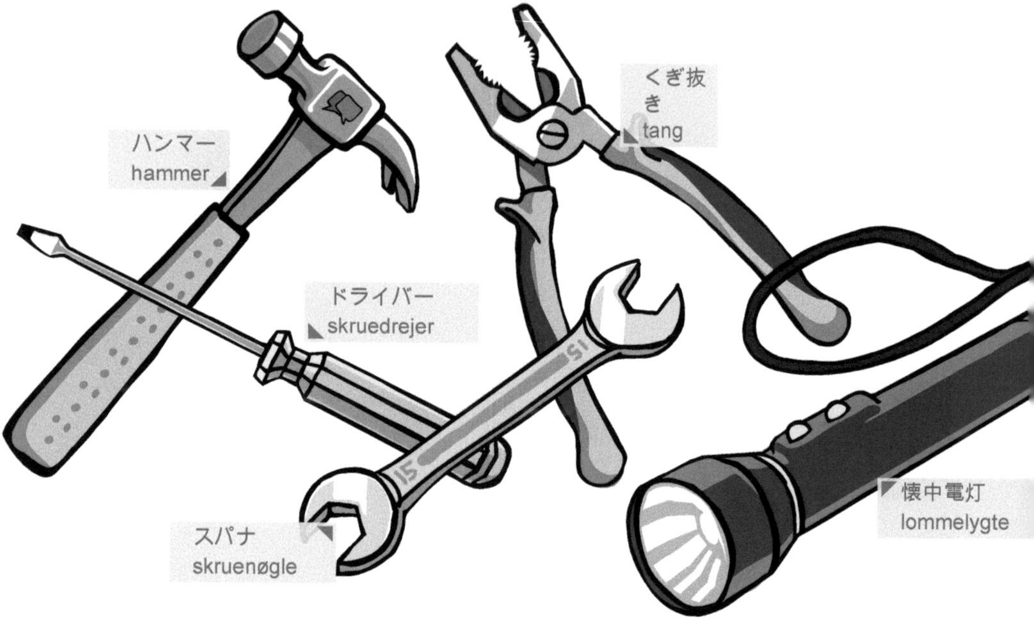
ハンマー
hammer
くぎ抜き
tang
ドライバー
skruedrejer
スパナ
skruenøgle
懐中電灯
lommelygte

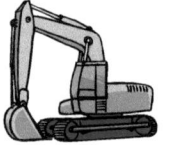

掘削機
gravemaskine

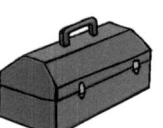

道具箱
værktøjskasse

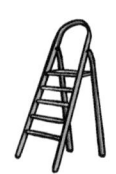

はしご
stige

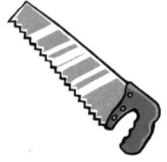

のこぎり
sav

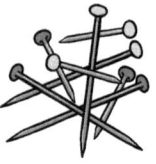

釘
søm

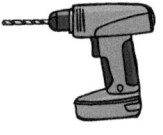

ドリル
bor

修理する

reparere

シャベル

skovl

クソ！

Lort!

ちりとり

fejebakke

ペンキ缶

malerspand

ネジ

skruer

楽器
musikinstrumenter

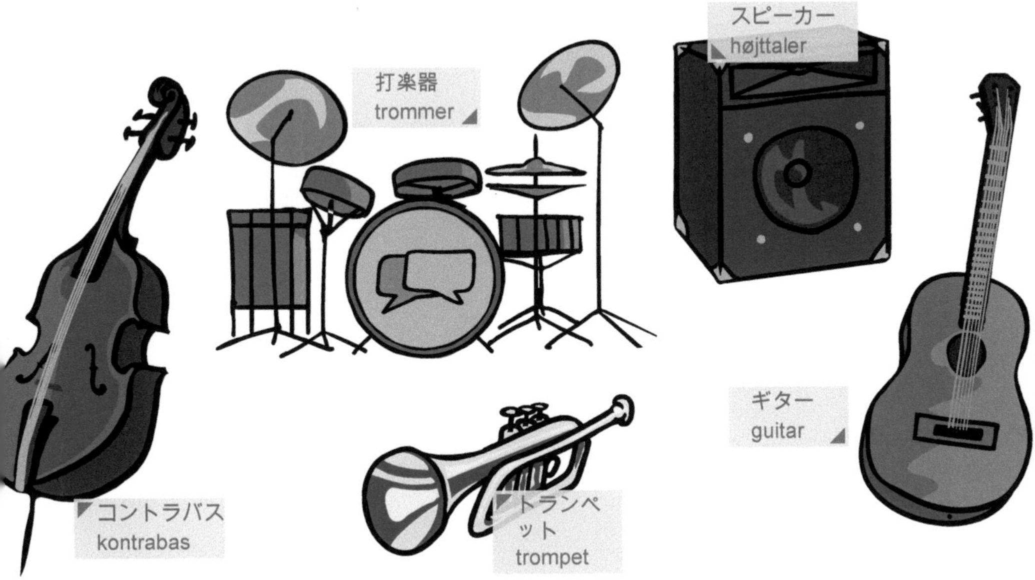

打楽器
trommer

スピーカー
højttaler

ギター
guitar

コントラバス
kontrabas

トランペット
trompet

ピアノ

klaver

バイオリン

violin

バス

bas

ティンパニ

pauke

ドラム

tromme

キーボード

keyboard

サックス

saxofon

フルート

fløjte

マイクロフォン

mikrofon

動物園

ZOO

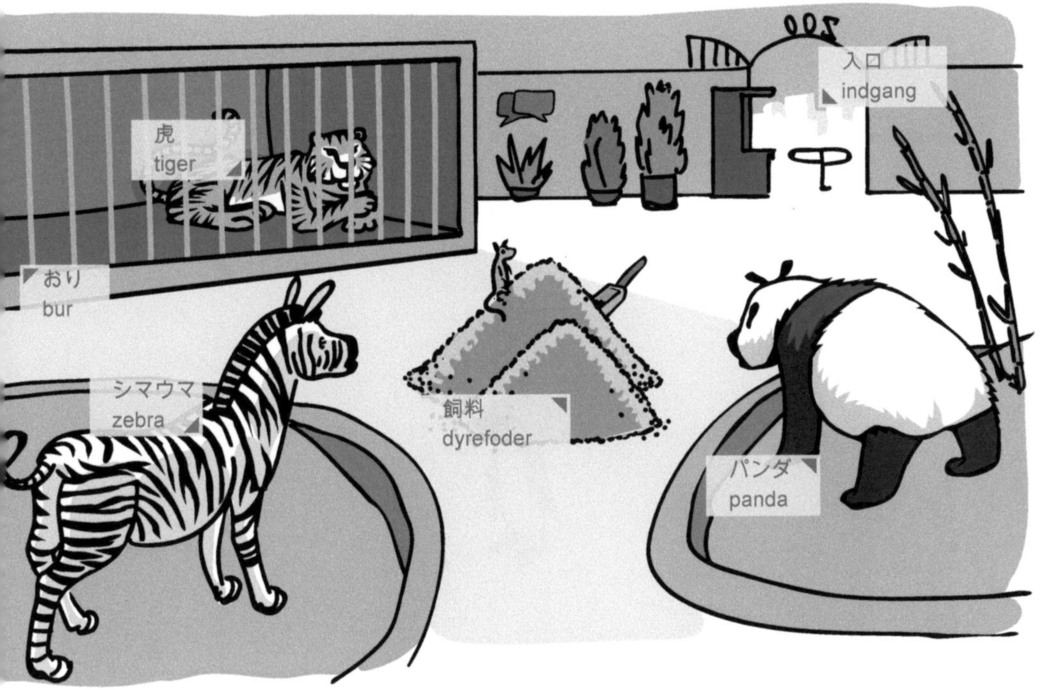

入口
indgang
虎
tiger
おり
bur
シマウマ
zebra
飼料
dyrefoder
パンダ
panda

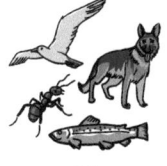

動物
dyr

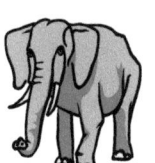

象
elefant

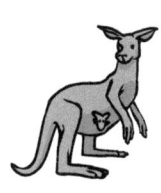

カンガルー
kænguru

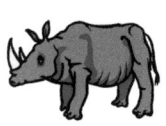

サイ
næsehorn

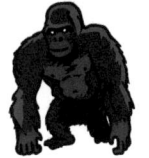

ゴリラ
gorilla

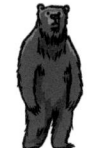

熊
bjørn

ラクダ

kamel

ダチョウ

struds

ライオン

løve

猿

abe

フラミンゴ

flamingo

オウム

papegøje

白クマ

isbjørn

ペンギン

pingvin

サメ

haj

クジャク

påfugl

蛇

slange

ワニ

krokodille

飼育係

dyrepasser

アザラシ

sæl

ジャガー

jaguar

ポニー
pony

ヒョウ
leopard

カバ
flodhest

キリン
giraf

鷲
ørn

雄豚
vildsvin

魚
fisk

亀
skildpadde

セイウチ
hvalros

狐
ræv

ガゼル
gazelle

アメフト
amerikansk football

サイクリング
cykling

テニス
tennis

バスケットボール
basketball

水泳
svømning

ボクシング
boksning

アイスホッケー
ishockey

サッカー
fodbold

バドミントン
badminton

陸上競技
atletik

ハンドボール
håndbold

スキー
skiløb

ポロ
polo

活動

aktiviteter

笑う
grine
跳ぶ
springe
抱きしめる
give et knus
歩く
gå
歌う
synge
夢見る
drømme
祈る
bede
キス
kysse

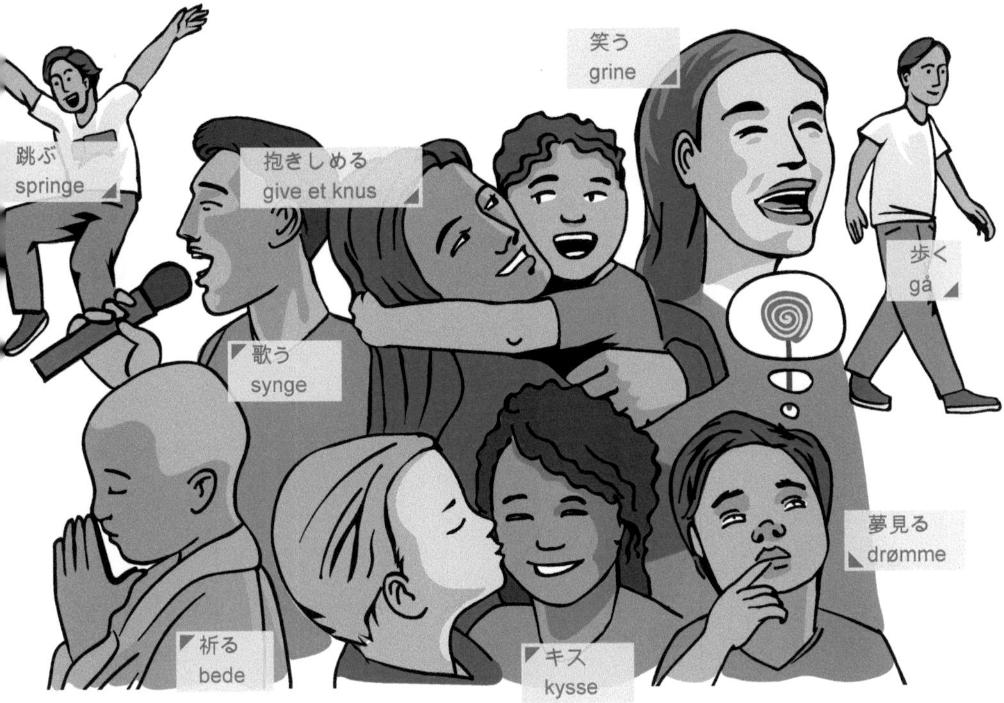

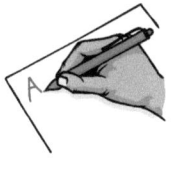

書く

skrive

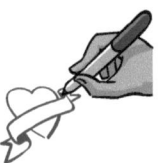

描く

tegne

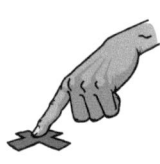

示す

vise

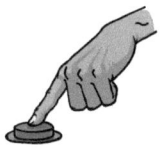

押す

skubbe

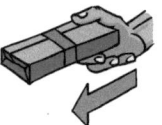

与える

give

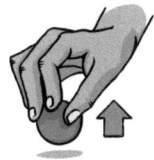

取る

tage

持っている

have

する

gøre

ある

være

立つ

stå

走る

løbe

引く

trække

投げる

kaste

落ちる

falde

横たわっている

ligge

待つ

vente

運ぶ

bære

座る

sidde

着る

tage på

眠る

sove

目が覚める

vågne

見る

se på

泣く

græde

なでる

ae

櫛ですく

kæmme

話す

tale

理解する

forstå

質問する

spørge

聞く

høre

飲む

drikke

食べる

spise

片づける

rydde op

愛する

elske

料理する

koge

運転する

køre

飛ぶ

flyve

活動 - aktiviteter

ヨットに乗る

sejle

計算する

regne

読む

læse

学ぶ

lære

働く

arbejde

結婚する

gifte sig med

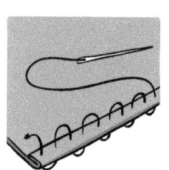

縫う

sy

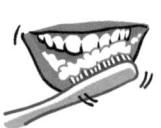

歯を磨く

børste tænder

殺す

dræbe

喫煙する

ryge

送る

sende

家族

familie

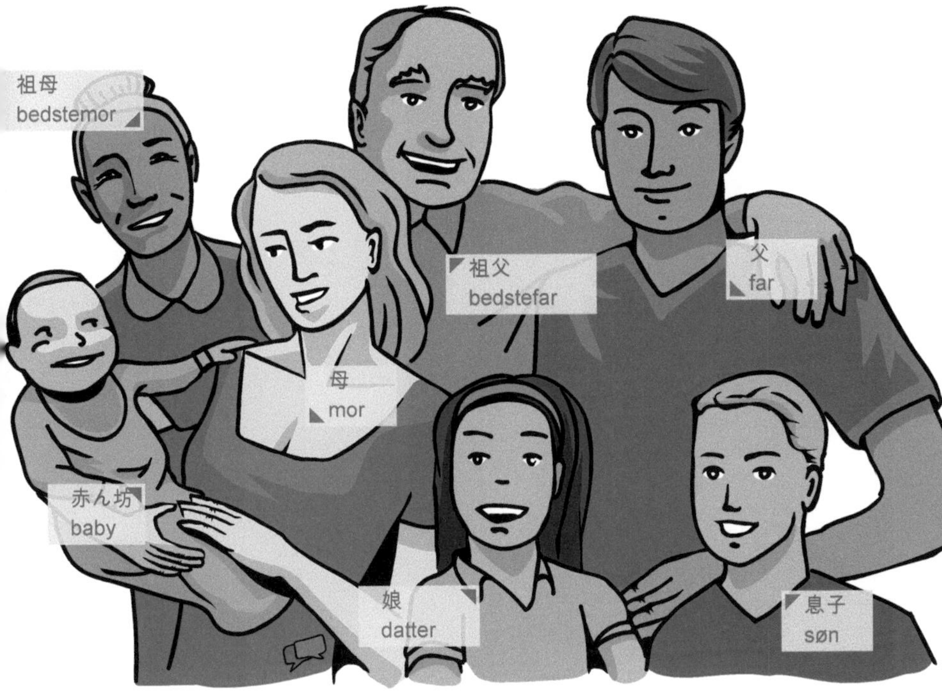

祖母
bedstemor
祖父
bedstefar
父
far
母
mor
赤ん坊
baby
娘
datter
息子
søn

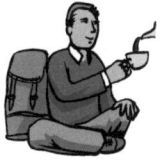

お客様

gæst

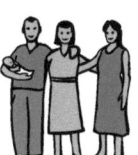

おば

tante

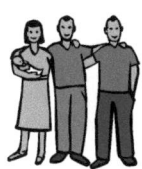

おじ

onkel

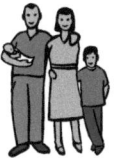

兄弟

bror

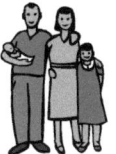

姉妹

søster

体

krop

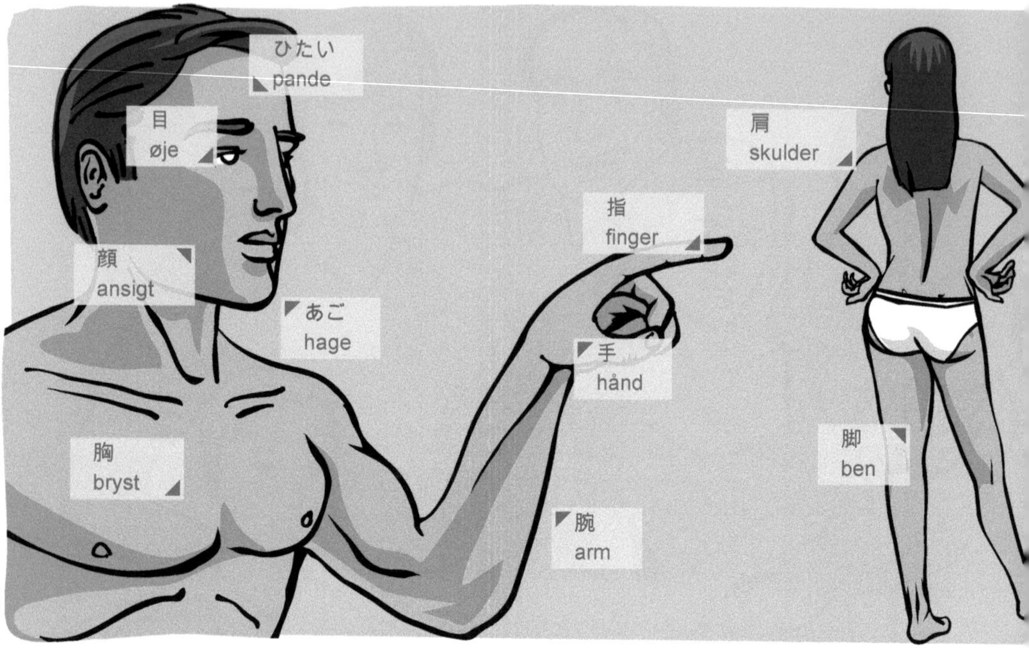

ひたい
pande

目
øje

肩
skulder

指
finger

顔
ansigt

あご
hage

手
hånd

胸
bryst

脚
ben

腕
arm

赤ん坊

baby

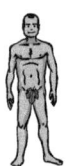

男性

mand

女性

kvinde

少女

pige

少年

dreng

頭

hoved

背中

ryg

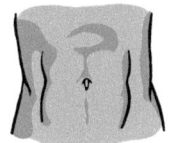

腹

mave

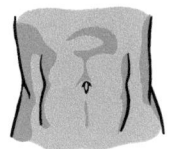

へそ

navle

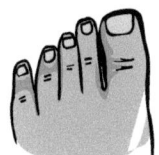

足指

tå

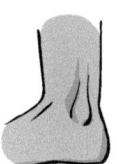

かかと

hæl

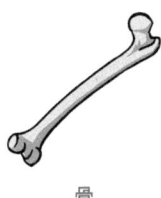

骨

knogle

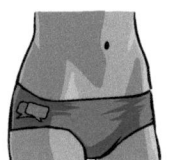

腰

hofte

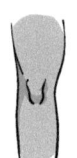

ひざ

knæ

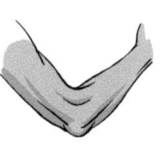

ひじ

albue

鼻

næse

尻

bagdel

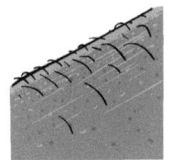

皮膚

hud

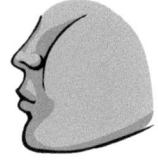

頬

kind

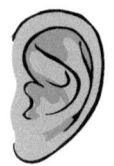

耳

øre

唇

læbe

体 - krop

口
....
mund

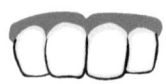

歯
....
tand

舌
....
tunge

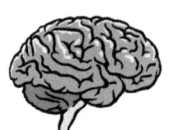

脳
....
hjerne

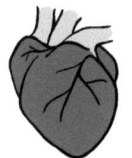

心臓
....
hjerte

筋肉
....
muskel

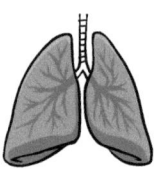

肺
....
lunge

肝臓
....
lever

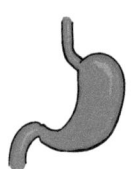

胃
....
mavesæk

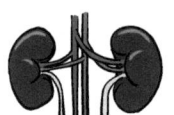

腎臓
....
nyrer

セックス
....
sex

コンドーム
....
kondom

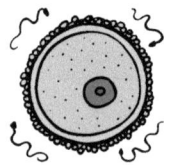

卵細胞
....
ægcelle

精液
....
sperm

妊娠
....
svangerskab

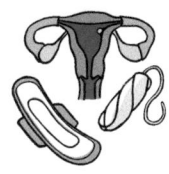

月経
menstruation

膣
vagina

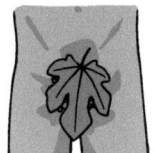

ペニス
penis

眉
øjenbryn

髪
hår

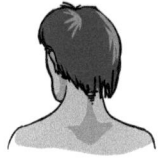

首
hals

病院
sygehus

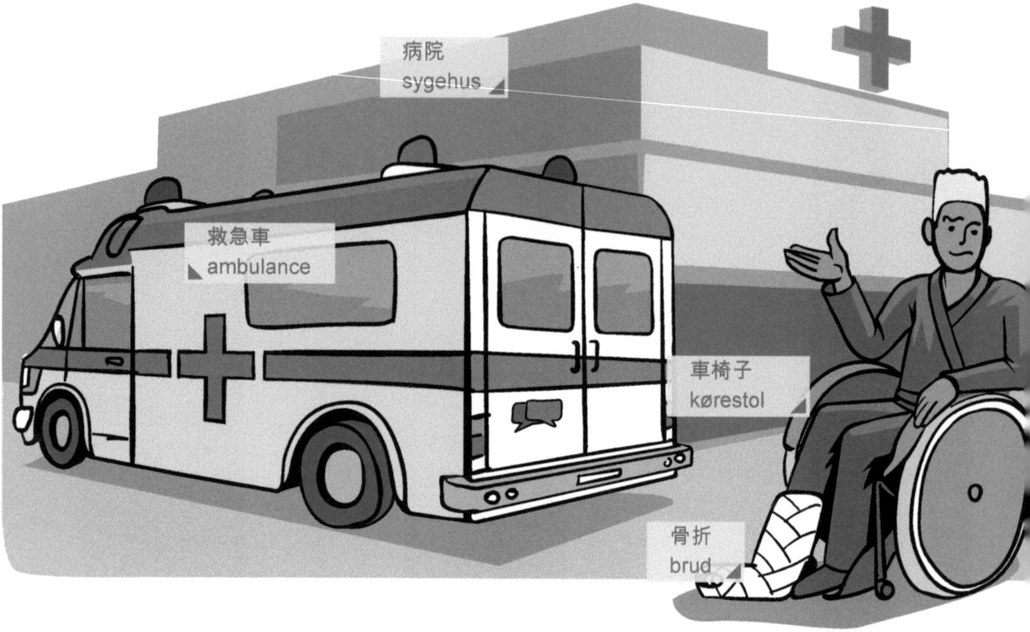

病院
sygehus
救急車
ambulance
車椅子
kørestol
骨折
brud

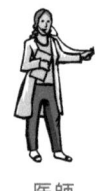

医師
lӕge

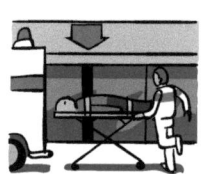

救急治療室
akutmodtagelse

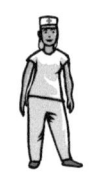

看護師
sygeplejerske

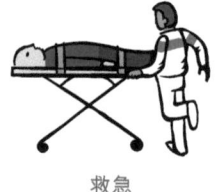

救急
nødstilfælde

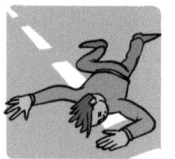

失神
bevidstløs

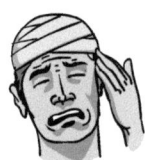

痛み
smerte

けが

skade

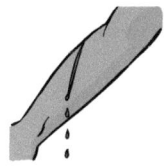

出血

blødning

心臓発作

hjerteinfarkt

脳卒中

slagtilfælde

アレルギー

allergi

咳

hoste

熱

feber

インフルエンザ

influenza

下痢

diarré

頭痛

hovedpine

癌

kræft

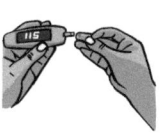

糖尿病

diabetes

外科医

kirurg

外科用メス

skalpel

手術

operation

病院 - sygehus

CT

CT

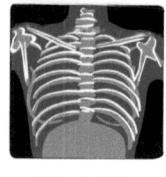

レントゲン

røntgen

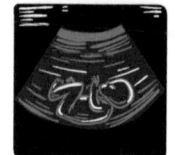

超音波

ultralyd

マスク

maske

病気

sygdom

待合室

venteværelse

松葉づえ

krykke

ばんそうこう

plaster

包帯

forbinding

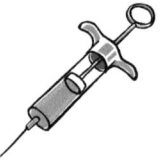

注射

injektion

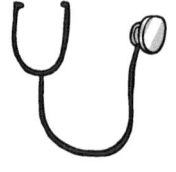

聴診器

stetoskop

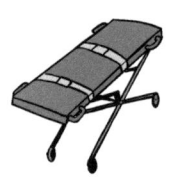

担架

båre

体温計

termometer

出産

fødsel

肥満

overvægt

補聴器

høreapparat

消毒剤

desinficerende middel

感染

infektion

ウイルス

virus

HIV / エイズ

HIV / AIDS

内服薬

medicin

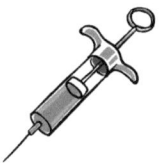

予防接種

vaccination

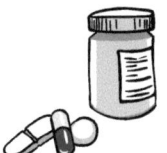

錠剤

tabletter

ピル

pille

緊急電話

nødopkald

血圧計

blodtryksmåler

病気の　/　健康な

syg / rask

助けて！

Hjælp!

アラーム

alarm

暴行

overfald

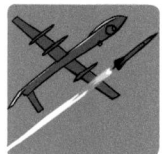

攻撃

angreb

危険

fare

非常口

nødudgang

火事だ！

Det brænder!

消火器

ildslukker

事故

uheld

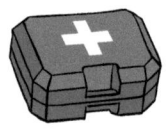

救急箱

førstehjælps-kuffert

SOS

SOS

警察

politi

ヨーロッパ

Europa

北米

Nordamerika

南米

Sydamerika

アフリカ

Afrika

アジア

Asien

オーストラリア

Australien

大西洋

Atlanterhavet

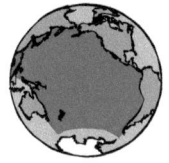

太平洋

Stillehavet

インド洋

Indiske Ocean

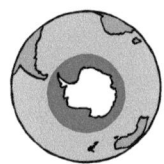

南極海

Sydlige Ishav

北極海

Ishav

北極

Nordpol

南極

Sydpol

南極大陸

Antarktis

地球

Jorden

陸

land

海

hav

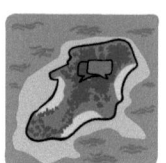

島

ø

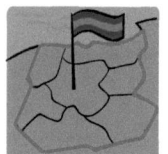

国家

nation

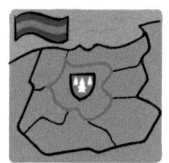

国家

stat

文字盤

urskive

短針

timeviser

長針

minutviser

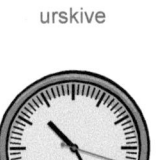

秒針

sekundviser

何時ですか？

Hvad er klokken?

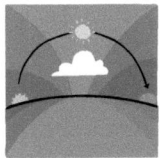

日

dag

時間

tid

現在

nu

デジタル時計

digitalur

分

minut

時間

time

週

uge

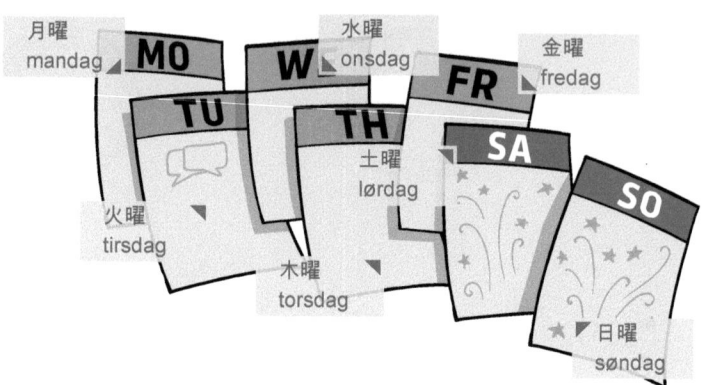

月曜 mandag
火曜 tirsdag
水曜 onsdag
木曜 torsdag
金曜 fredag
土曜 lørdag
日曜 søndag

昨日
i går

今日
i dag

明日
i morgen

朝
morgen

昼
middag

夜
aften

営業日
arbejdsdage

週末
weekend

雨
▶ regn

虹
▶ regnbue

風
vind

雪
sne

春
▶ forår

夏
sommer

秋
▶ efterår

冬
vinter

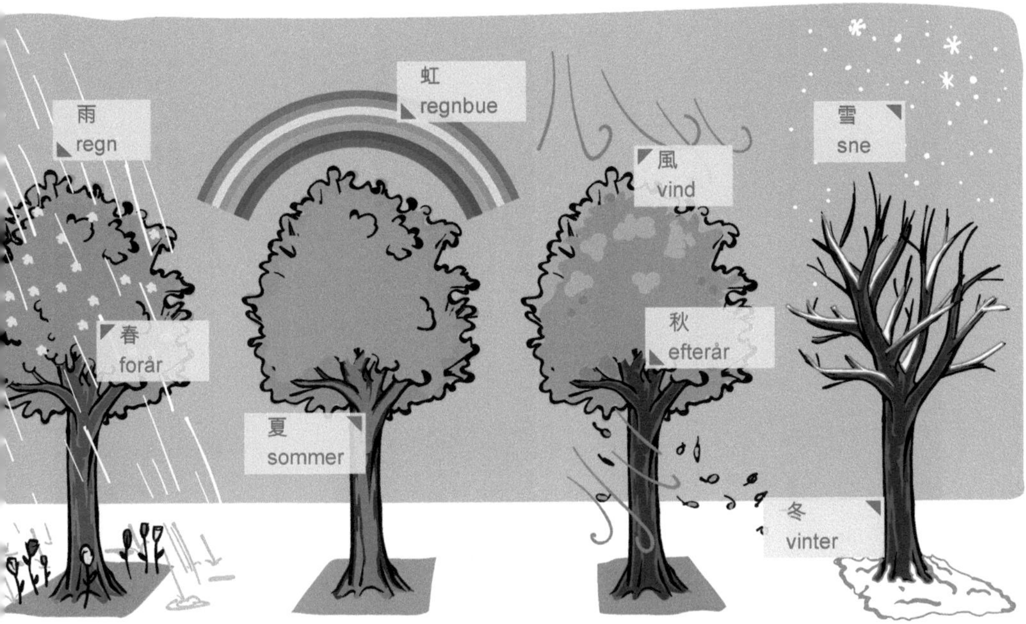

天気予報

vejrudsigt

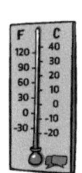

温度計

termometer

日差し

solskin

雲

sky

霧

tåge

湿度

luftfugtighed

雷

lyn

雷

torden

嵐

storm

ひょう

hagl

季節風

monsun

洪水

flod

氷

is

1月

januar

2月

februar

3月

marts

4月

april

5月

maj

6月

juni

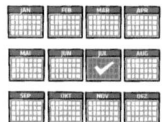

7月

juli

8月

august

年 - år

9月
....
september

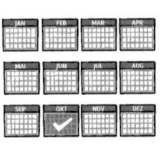

10月
....
oktober

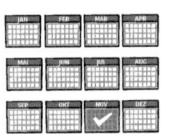

11月
....
november

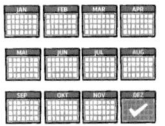

12月
....
december

形

former

円
....
cirkel

正方形
....
kvadrat

長方形
....
firkant

三角
....
trekant

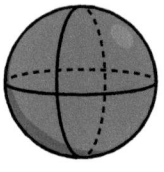

球
....
kugle

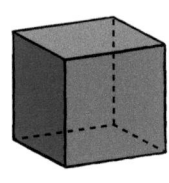

立方体
....
terning

色

farver

白

hvid

黄

gul

オレンジ

orange

ピンク

pink

赤

rød

紫

lilla

青

blå

緑

grøn

茶

brun

灰色

grå

黒

sort

多い / 少ない

meget / lidt

怒っている /
落ち着いている
rasende / fredelig

美しい / 醜い

smuk / grim

初め / 終わり

begyndelse / slut

大きい / 小さい

stor / lille

明るい / 暗い

lys / mørk

兄弟 / 姉妹

bror / søster

清潔な / 汚い

ren / snavset

完全な / 不完全な

fuldkommen / ufuldkommen

日中 / 夜

dag / nat

死んだ / 生きている

død / levende

幅広い / 狭い

bred / smal

食べられる /
食べられない
spiselig / uspiselig

悪意のある / 親切な
vred / venlig

興奮している /
退屈している
ophidset / kedet

太った / 痩せた
tyk / tynd

最初に / 最後に
først / sidst

友人 / 敵
ven / fjende

いっぱいの / 空の
fuld / tom

硬い / 柔らかい
hård / blød

重い / 軽い
tung / let

空腹 / 喉の渇き
sult / tørst

病気の / 健康な
syg / rask

違法な / 合法な
illegal / legal

賢い / 愚かな
intelligent / dum

左に / 右に
venstre / højre

近い / 遠い
nær / fjern

新しい ／ 中古の

ny / brugt

何もない ／ 何かある

intet / noget

老いた ／ 若い

gammel / ung

オン ／ オフ

tændt / slukket

開いている ／
閉まっている
åben / lukket

静かな ／ うるさい

stille / højt

裕福な ／ 貧乏な

rig / fattig

正しい ／間違っている

rigtig / forkert

粗い ／ なめらか

ru / glat

悲しい ／ 幸せな

ked af det / lykkelig

短い ／ 長い

kort / lang

ゆっくり ／ 速い

langsom / hurtig

濡れた ／ 乾いた

våd / tør

温かい ／ 冷たい

varm / kold

戦争 ／ 平和

krig / fred

0

ゼロ

nul

1

1

en

2

2

to

3

3

tre

4

4

fire

5

5

fem

6

6

seks

7

7

syv

8

8

otte

9

9

ni

10

10

ti

11

11

elleve

12

12
....
tolv

13

13
....
tretten

14

14
....
fjorten

15

15
....
femten

16

16
....
seksten

17

17
....
sytten

18

18
....
atten

19

19
....
nitten

20

20
....
tyve

100

100
....
hundrede

1.000

1000
....
tusinde

1.000.000

100万
....
million

英語

engelsk

アメリカ英語

amerikansk engelsk

中国標準語

kinesisk mandarin

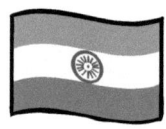

ヒンディー語

hindi

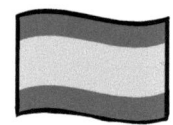

スペイン語

spansk

フランス語

fransk

アラビア語

arabisk

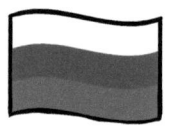

ロシア語

russisk

ポルトガル語

portugisisk

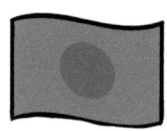

ベンガル語

bengalsk

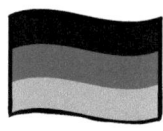

ドイツ語

tysk

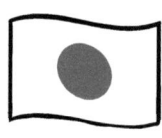

日本語

japansk

私
jeg

あなた
du

彼 / 彼女 / それ
han / hun / den / det

私たち
vi

あなたたち
I

彼ら
de

誰？
hvem?

何？
hvad?

どうやって？
hvordan?

どこ？
hvor?

いつ？
hvornår?

名前
navn

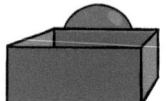

後ろ

bag

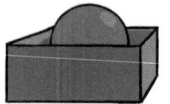

中

i

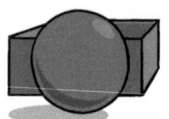

前

foran

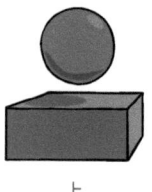

上

over

上

på

下

under

横

ved siden af

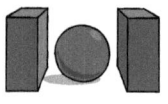

間

imellem

場所

sted